школа - eskola	2
подорож - bidaia	5
транспорт - garraioa	8
місто - hiria	10
ландшафт - paisaia	14
ресторан - jatetxea	17
супермаркет - supermerkatua	20
напої - edariak	22
їжа - janaria	23
ферма - baserria	27
дім - etxea	31
вітальня - egongela	33
кухня - sukaldea	35
ванна кімната - bainugela	38
дитяча кімната - haurren gela	42
одяг - arropa	44
офіс - bulegoa	49
економіка - ekonomia	51
професії - lanbideak	53
інструменти - tresnak	56
музичні інструменти - musika tresnak	57
зоопарк - zoologikoa	59
спорт - kirolak	62
дії - jarduerak	63
сім'я - familia	67
тіло - gorputza	68
лікарня - ospitalea	72
аварійний випадок - larrialdia	76
Земля - lurra	77
годинник - erlojua	79
тиждень - astea	80
рік - urtea	81
форми - formak	83
фарби - koloreak	84
протилежності - aurkakoak	85
числа - zenbakiak	88
мови - hizkuntzak	90
хто / що / як - nor / zer / nola	91
де - non	92

Impressum
Verlag: BABADADA GmbH, Nedderfeld 112 , 22529 Hamburg
Geschäftsführer / Verlagsleitung: Harald Hof
Druck: Books on Demand GmbH, In de Tarpen 42, 22848 Norderstedt

Imprint
Publisher: BABADADA GmbH, Nedderfeld 112 , 22529 Hamburg, Germany
Managing Director / Publishing direction: Harald Hof
Print: Books on Demand GmbH, In de Tarpen 42, 22848 Norderstedt, Germany

школа
eskola

- ділити / zatitu
- дошка / arbela
- класна кімната / ikasgela
- шкільний двір / jolastokia
- вчитель / irakaslea
- папір / papera
- ручка / boligrafoa
- письмовий стіл / mahaia
- лінійка / erregela
- писати / idatzi
- книга / liburua
- учень / ikaslea

ранець
palasa

пенал
estutxea

олівець
arkatza

точило
zorrozkailua

гумка
borragoma

альбом для малювання
marrazketa-koadernoa

малюнок

marrazkia

пензель

pintzela

коробка фарб

margoen kaxa

ножиці

guraizeak

клей

kola

зошит

ariketa liburua

домашнє завдання

etxeko lanak

число

zenbakia

додавати

gehitu

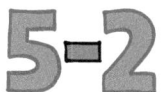

віднімати

kendu

множити

biderkatu

рахувати

kalkulatu

літера

gutuna

абетка

alfabetoa

слово

hitza

школа - eskola

  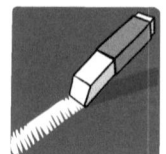

текст	читати	крейда
testua	irakurri	klariona

година	класний журнал	екзамен
ikasgaia	kalkulagailua	azterketa

диплом	шкільна форма	освіта
ziurtagiria	uniformea	hezkuntza

лексикон	університет	мікроскоп
entziklopedia	unibertsitatea	mikroskopioa

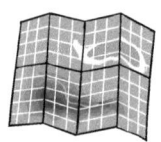 

карта	кошик для паперу
mapa	zakarrontzia

школа - eskola

подорож
bidaia

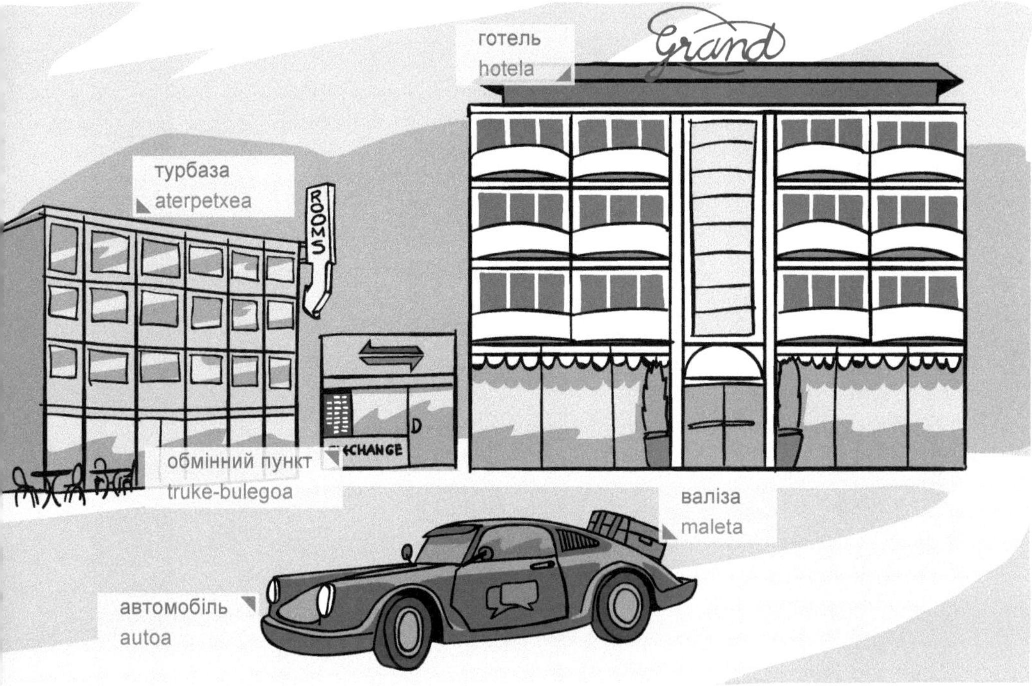

готель
hotela
Grand
турбаза
aterpetxea
ROOMS
обмінний пункт
truke-bulegoa
EXCHANGE
валіза
maleta
автомобіль
autoa

мова

hizkuntza

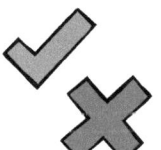

так / ні

bai / ez

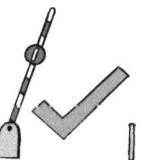

добре

ados

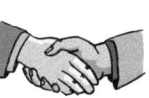

привіт

kaixo

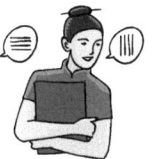

перекладач

itzultzailea

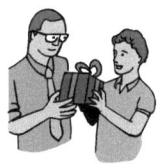

дякую

Eskerrik asko

Скільки коштує ...?
zenbat da ...?

Я не розумію
Ez dut ulertzen

проблема
arazoa

Добрий вечір!
Gabon!

Доброго ранку!
egun on!

На добраніч!
gabon!

До побачення
agur

напрямок
norabidea

багаж
ekipajea

сумка
poltsa

рюкзак
motxila

гість
gonbidatua

кімната
gela

спальний мішок
lo-zakua

намет
kanpin-denda

туристична інформація	пляж	кредитна картка
informazio turistikoa	hondartza	kreditu txartela

сніданок	обід	вечеря
gosaria	bazkaria	afaria

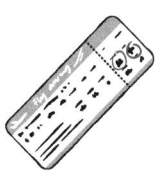  

квиток	ліфт	поштова марка
tiketa	igogailua	zigilua

межа	митниця	посольство
muga	aduana	enbaxada

віза	паспорт
bisa	pasaportea

подорож - bidaia

транспорт
garraioa

корабель
itsasontzia

літак
hegazkina

пожежна машина
suhiltzaile-kamioia

вантажний автомобіль
kamioia

автобус
autobusa

моторний човен
motordun txalupa

автомобіль
autoa

велосипед
txirrindula

пором

ferria

човен

txalupa

мотоцикл

motoa

поліцейська машина

polizia-autoa

гоночний автомобіль

automobila

автомобіль на прокат

auto alokairua

спільне користування авто
auto-partekatzea

евакуатор
garabia

сміттєвоз
zabor bilketa

двигун
motorra

паливо
erregaia

автозаправна станція
gasolindegia

дорожній знак
trafiko seinalea

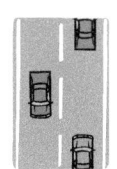

рух
trafikoa

затор
auto-ilara

стоянка
aparkalekua

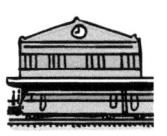

вокзал
tren geltokia

рейки
ibilbidea

потяг
trena

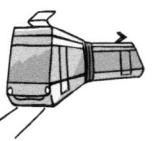

трамвай
tranbia

вагон
bagoia

транспорт - garraioa

гелікоптер
helikopteroa

аеропорт
aireportua

вежа
dorrea

пасажир
bidaiaria

контейнер
edukiontzia

коробка
kartoia

візок
orgatila

кошик
saskia

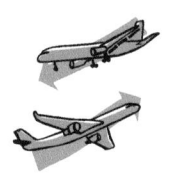

стартувати / приземлятися
aireratu / lurreratu

місто
hiria

село
herria

центр міста
hiriaren erdigunean

дім
etxea

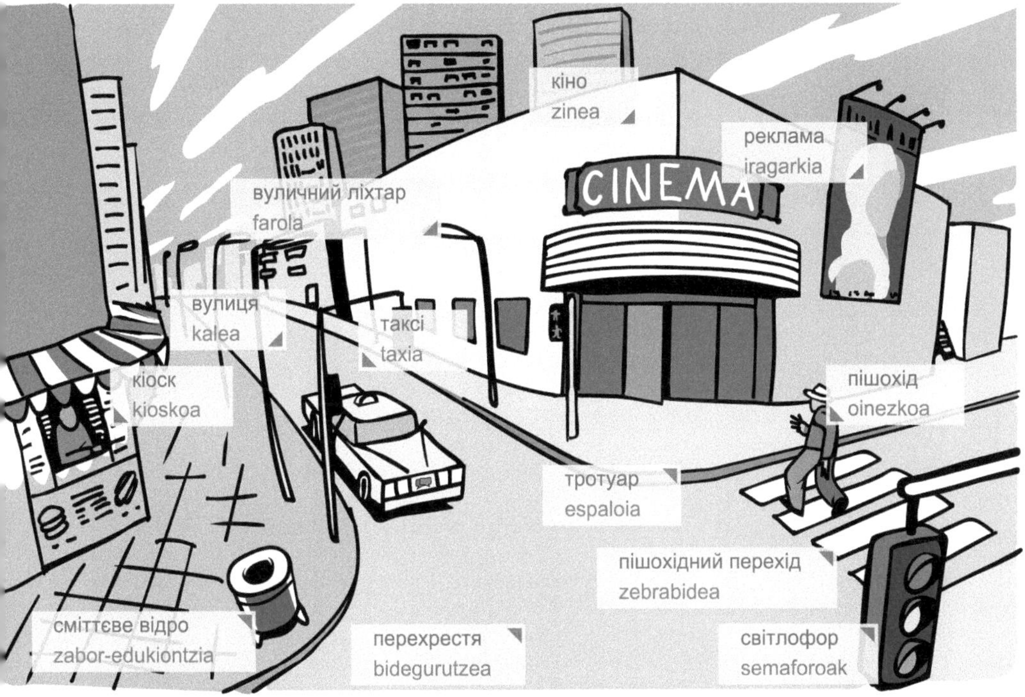

кіно
zinea

реклама
iragarkia

вуличний ліхтар
farola

вулиця
kalea

таксі
taxia

пішохід
oinezkoa

кіоск
kioskoa

тротуар
espaloia

пішохідний перехід
zebrabidea

сміттєве відро
zabor-edukiontzia

перехрестя
bidegurutzea

світлофор
semaforoak

хатина
etxola

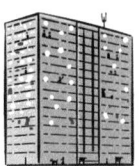

квартира
apartamentua

вокзал
tren geltokia

ратуша
udaletxea

музей
museoa

школа
eskola

місто - hiria

університет

unibertsitatea

банк

bankua

лікарня

ospitalea

готель

hotela

аптека

farmazia

офіс

bulegoa

книжковий магазин

liburu-denda

магазин

denda

квітковий магазин

lore-denda

супермаркет

supermerkatua

ринок

merkatua

універмаг

saltoki handiak

торговець рибою

arrandegia

торговельний центр

merkataritza-gunea

гавань

portua

парк
parkea

лава
bankua

міст
zubia

сходи
eskailerak

метро
metroa

тунель
tunela

автобусна зупинка
autobus geltokia

бар
taberna

ресторан
jatetxea

поштова скринька
postontzia

вулична табличка
seinalea

лічильник паркування
parkimetroa

зоопарк
zoologikoa

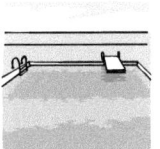

басейн
igerilekua

мечеть
mezkita

місто - hiria

ферма
baserria

забруднення навколишнього середовища
kutsadura

кладовище
hilerria

церква
eliza

дитячий майданчик
jolastokia

храм
tenplua

ландшафт
paisaia

- листок — hostoa
- вказівний стовп — norabide zeinua
- шлях — bidea
- луг — belardia
- камінь — harria
- дерево — zuhaitza
- мандрівник — mendizalea
- річка — ibaia
- трава — belarra
- квітка — lorea

 долина bailara	 гора muinoa	 озеро aintzira
 ліс basoa	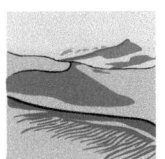 пустеля basamortua	 вулкан sumendia
 замок gaztelua	 веселка ortzadarra	 гриб onddoa
 пальма palmondoa	 комар eltxoa	 муха eulia
 мурашка inurria	 бджола erlea	 павук armiarma

ландшафт - paisaia

жук
kakalardoa

жаба
igela

вивірка
urtxintxa

їжак
trikua

заєць
erbia

сова
hontza

птах
txori

лебідь
beltxarga

кабан
basurdea

олень
oreina

лось
altze amerikarra

гребля
presa

вітряк
turbina eolikoa

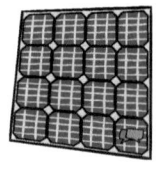
сонячний модуль
eguzki-panela

клімат
klima

ландшафт - paisaia

ресторан
jatetxea

офіціант — zerbitzaria
меню — menua
стілець — aulkia
суп — zopa
піца — pizza
столові прилади — mahai-tresnak
скатертина — mahai-oihala

закуска
hamaiketakoa

друга страва
plater nagusia

десерт
postrea

напої
edariak

їжа
janaria

пляшка
botila

ресторан - jatetxea 17

фаст-фуд
janari lasterra

вулична їжа
kalean jateko janaria

чайник
teontzia

цукорниця
azukre-ontzia

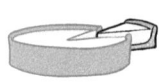

порція
zatia

еспресо-машина
espresso makina

високий стільчик
aulki altua

рахунок
faktura

піднос
erretilua

ніж
labana

вилка
sardexka

ложка
koilara

чайна ложка
koilaratxoa

серветка
ahozapia

склянка
beira

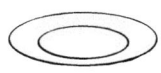		
тарілка	тарілка для супу	блюдце
platera	plater sakona	platertxoa

соус	солонка	млин для перцю
saltsa	gatzontzia	piperbeltz errota

оцет	масло	спеції
ozpina	olioa	espeziak

кетчуп	гірчиця	майонез
ketchupa	mostaza	maionesa

супермаркет
supermerkatua

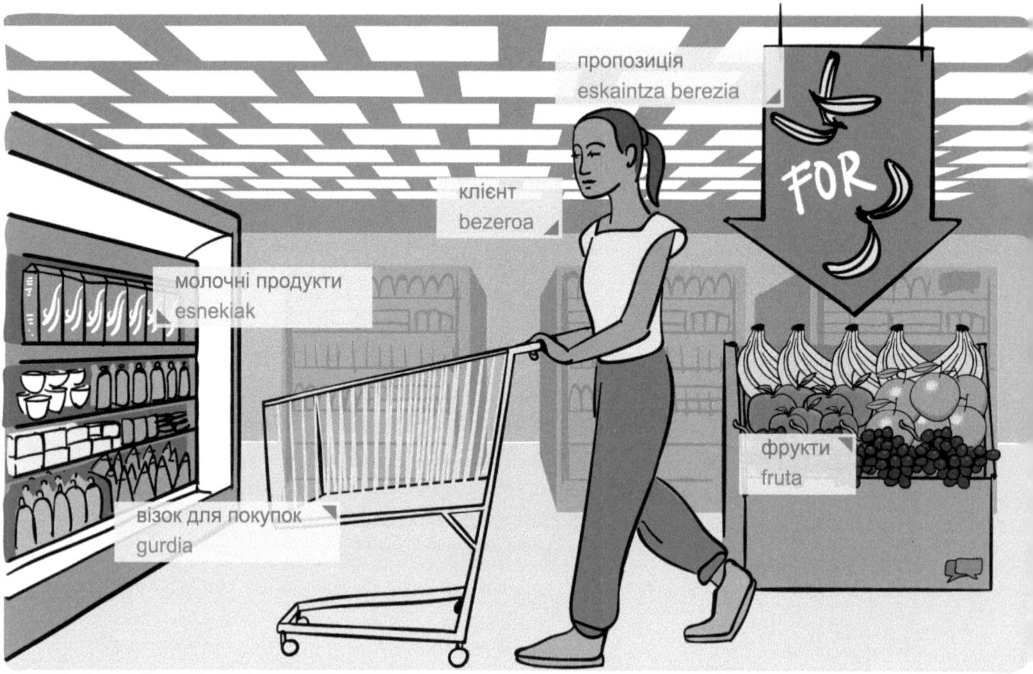

пропозиція
eskaintza berezia

клієнт
bezeroa

молочні продукти
esnekiak

фрукти
fruta

візок для покупок
gurdia

м'ясний магазин

harategia

пекарня

okindegia

зважувати

pisatu

овочі

barazkiak

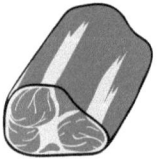

м'ясо

haragia

заморожені продукти

janari izoztuak

ковбасна нарізка

hestebeteak

консерви

kontserba

пральний порошок

garbigarri-hautsa

солодощі

gozokia

предмети домашнього побуту

etxeko produktuak

мийний засіб

garbiketa produktuak

продавщиця

saltzailea

каса

kutxa erregistratzailea

касир

kutxazaina

список покупок

erosketa zerrenda

часи роботи

ordutegia

гаманець

diru-zorroa

кредитна картка

kreditu txartela

сумка

poltsa

поліетиленовий пакет

plastikozko poltsa

супермаркет - supermerkatua

напої
edariak

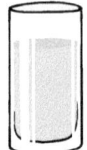

вода
ura

сік
zukua

молоко
esnea

кола
kokakola

вино
ardoa

пиво
garagardoa

алкоголь
alkohola

какао
txokolate beroa

чай
tea

кава
kafea

еспресо
espresso kafea

капучіно
caputxinoa

їжа
janaria

банан
banana

яблуко
sagarra

апельсин
laranja

кавун
meloia

лимон
limoia

морква
azenarioa

часник
baratxuria

бамбук
banbua

цибуля
tipula

гриб
perretxikua

горішки
intxaurrak

локшина
fideoak

спагеті
espagetiak

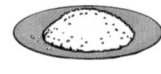

рис
arroza

салат
entsalada

картопля фрі
patata frijituak

смажена картопля
patata frijituak

піца
pizza

гамбургер
hanburgesa

бутерброд
sandwicha

шніцель
xerra

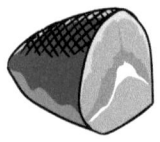

шинка
urdaiazpikoa

салямі
salami

ковбаса
saltxitxa

курка
oilaskoa

печеня
haragi errea

риба
arraina

їжа - janaria

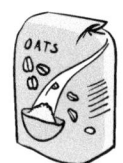

вівсяні пластівці	мюслі	кукурудзяні пластівці
olo-malutak	mueslia	arto-malutak

борошно	круасан	булочка
irina	croissanta	ogi-opila

хліб	тостовий хліб	печиво
ogia	ogi xigortua	gailetak

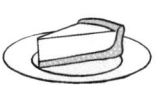

масло	сир	пиріг
gurina	mamia	pastela

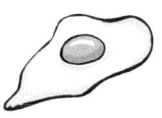
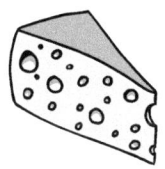

яйце	яєчня	сир
arrautza	arrautza frijitua	gazta

їжа - janaria

морозиво	цукор	мед
izozkia	azukrea	eztia

мармелад	нуга-крем	карі
mermelada	txokolatezko krema	currya

ферма
baserria

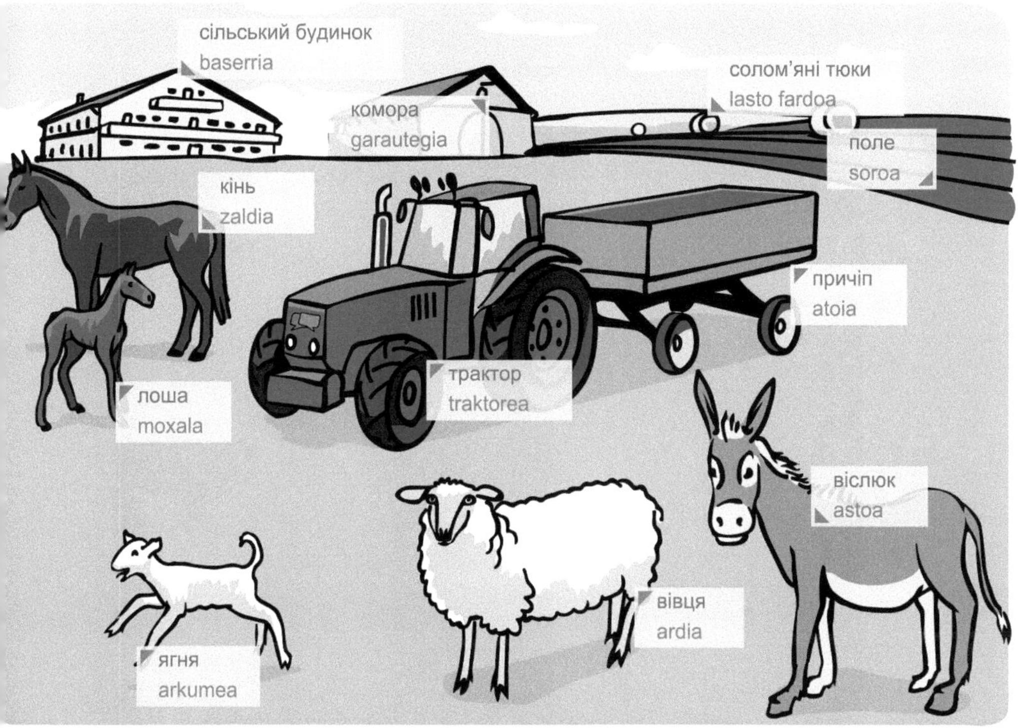

сільський будинок
baserria

комора
garautegia

солом'яні тюки
lasto fardoa

поле
soroa

кінь
zaldia

причіп
atoia

лоша
moxala

трактор
traktorea

віслюк
astoa

ягня
arkumea

вівця
ardia

коза
ahuntza

корова
behia

теля
txahala

свиня
txerria

порося
txerrikumea

бик
zezena

гусак

antzara

качка

ahatea

курча

txita

курка

oiloa

півень

oilarra

щур

arratoia

кіт

katua

миша

sagua

віл

idia

собака

txakurra

собача будка

txakurraren etxola

садовий шланг

mahuka

лійка

garaztailua

коса

sega

плуг

goldea

ферма - baserria

серп
igitaia

мотика
aitzurra

вила
sardea

сокира
aizkora

тачка
eskorga

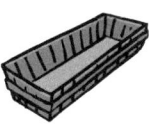

корито
aska

бідон молока
esneontzia

мішок
zakua

паркан
hesia

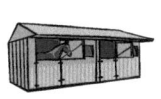

хлів
ikuilua

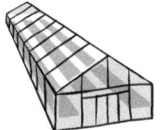

теплиця
berotegia

ґрунт
lurzorua

насіння
hazia

добриво
ongarria

комбайн
uztamakinak

ферма - baserria

пожинати
uztatu

урожай
uzta

корінь ямсу
ñamea

пшениця
garia

соя
soja

картопля
patata

кукурудза
artoa

ріпак
koltza

плодове дерево
fruta zuhaitz

маніок
manioka

злаки
zerealak

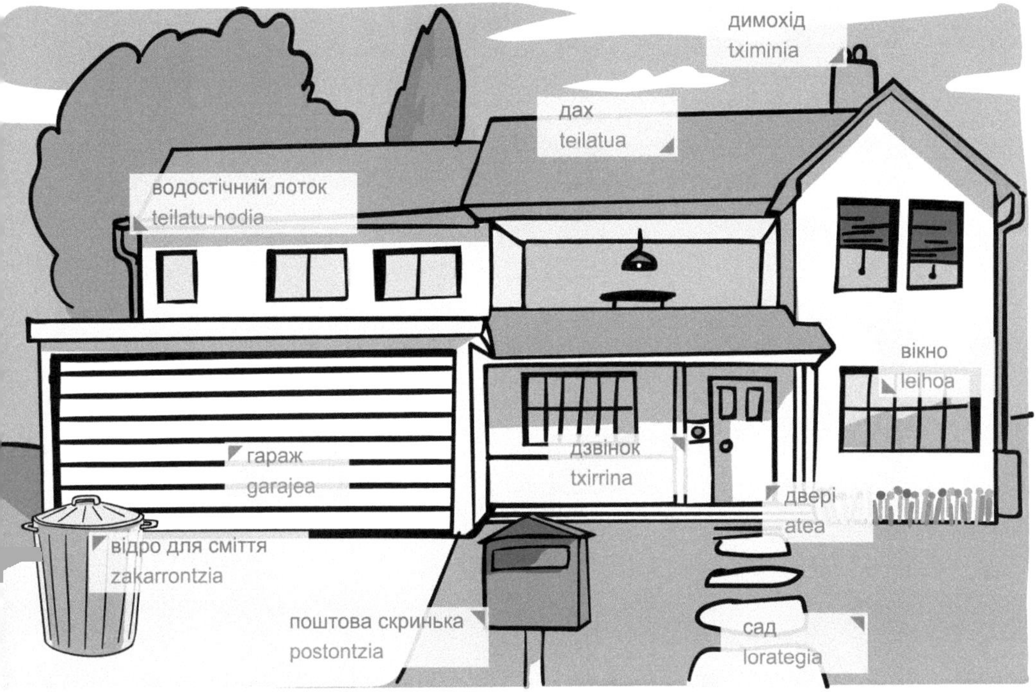

дім
etxea

димохід — tximinia
дах — teilatua
водостічний лоток — teilatu-hodia
вікно — leihoa
гараж — garajea
дзвінок — txirrina
двері — atea
відро для сміття — zakarrontzia
поштова скринька — postontzia
сад — lorategia

вітальня
egongela

ванна кімната
bainugela

кухня
sukaldea

спальня
logelak

дитяча кімната
haurren gela

їдальня
jangela

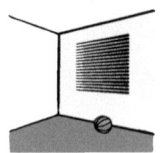
підлога
solairua

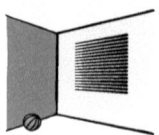
стіна
horma

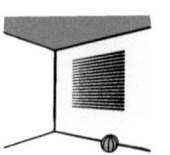
стеля
sabaia

підвал
sotoa

сауна
sauna

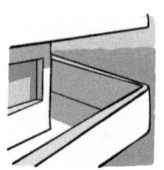
балкон
balkoia

тераса
terraza

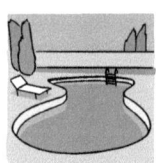
басейн
igerilekua

косарка
belarra mozteko makina

простирало
izara

ковдра
ohe-estalkia

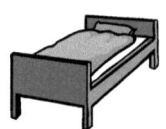
ліжко
ohea

мітла
erratza

відро
ontzia

перемикач
etengailua

дім - etxea

вітальня
egongela

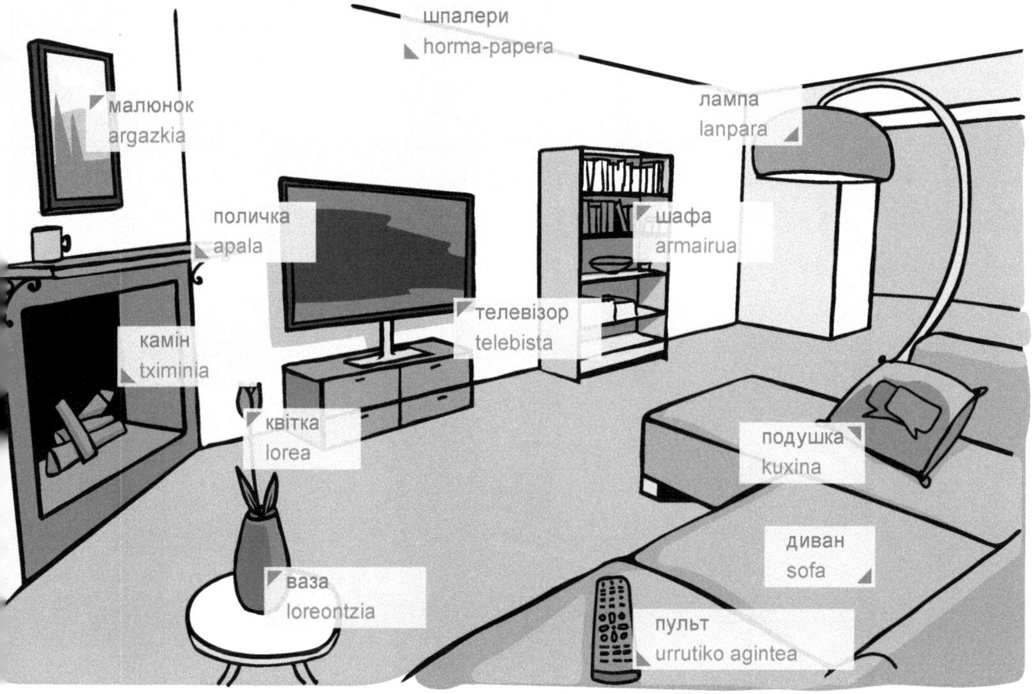

- малюнок / argazkia
- шпалери / horma-papera
- лампа / lanpara
- поличка / apala
- шафа / armairua
- камін / tximinia
- телевізор / telebista
- квітка / lorea
- подушка / kuxina
- ваза / loreontzia
- диван / sofa
- пульт / urrutiko agintea

килим
alfonbra

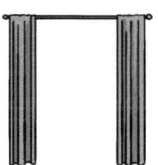

завіса
gortina

стіл
mahaia

стілець
aulkia

крісло-гойдалка
kulunkaulkia

крісло
besaulkia

вітальня - egongela

книга	ковдра	прикраса
liburua	manta	apainketa

дрова	фільм	стереосистема
egurra	filma	musika-katea

ключ	газета	картина
giltza	egunkaria	marrazkia

плакат	радіо	блокнот
posterra	irratia	koadernoa

пилосос	кактус	свічка
xurgagailua	kaktusa	kandela

вітальня - egongela

кухня
sukaldea

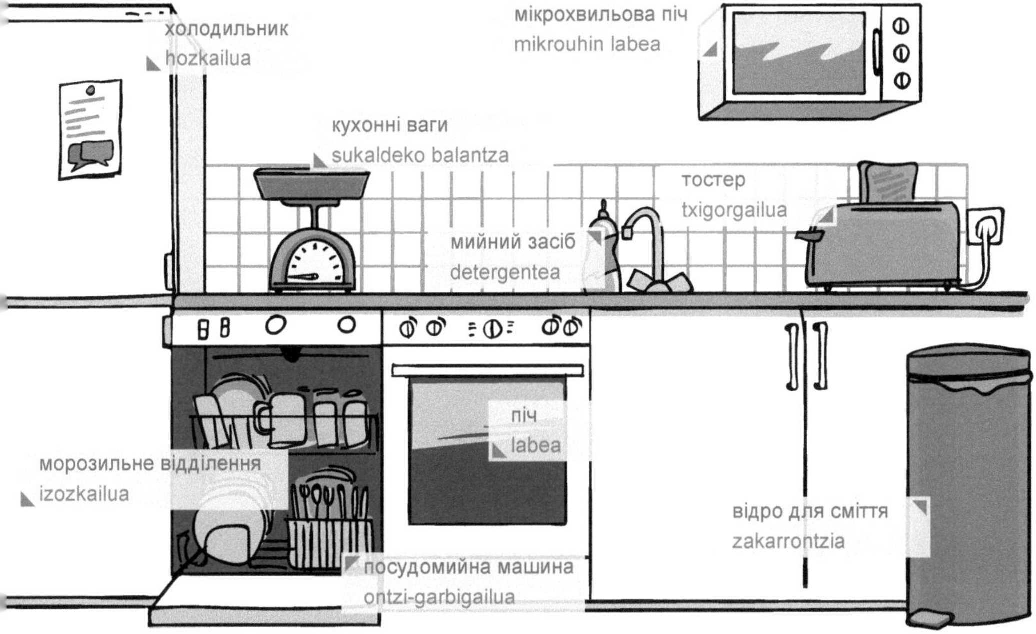

холодильник
hozkailua

мікрохвильова піч
mikrouhin labea

кухонні ваги
sukaldeko balantza

тостер
txigorgailua

мийний засіб
detergentea

піч
labea

морозильне відділення
izozkailua

відро для сміття
zakarrontzia

посудомийна машина
ontzi-garbigailua

плита

presio-eltzea

горщик

lapikoa

чавунний горщик

burdinezko eltzea

вок / кадай

woka

сковорода

zartagina

чайник

irokinontzia

кухня - sukaldea

пароварка
bapore-eltzea

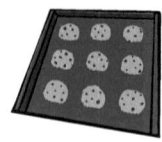
лист
gozogintza erretilua

посуд
baxera

кухоль
katilua

чаша
katilua

палички для їжі
zotz txinatarrak

черпак
burruntzalia

лопатка
apar-burruntzalia

вінчик для збивання
irabiagailua

сито
iragazkia

сито
bahea

терка
birringailua

ступка
almaizea

барбекю
barbakoa

багаття
sua

кухня - sukaldea

дошка
xehatze-ohola

качалка
arrabola

штопор
kortxo-kentzekoa

консерва
lata

відкривачка
poto-irekitzekoa

прихватки
eskutrapua

раковина
konketa

щітка
eskuila

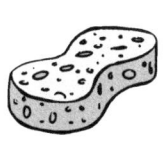

губка
belakia

міксер
irabiagailua

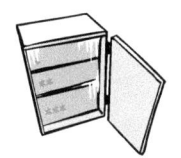

морозильна камера
izozkailua

дитяча пляшка
biberoia

кран
kanila

кухня - sukaldea

ванна кімната
bainugela

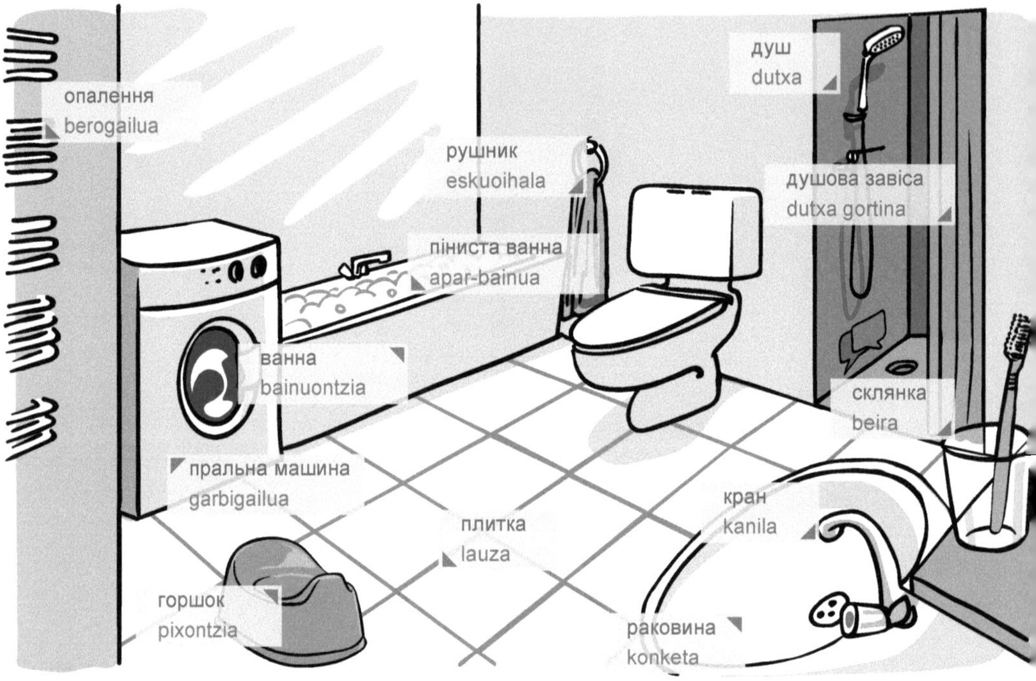

- опалення / berogailua
- душ / dutxa
- рушник / eskuoihala
- душова завіса / dutxa gortina
- пінista ванна / apar-bainua
- ванна / bainuontzia
- склянка / beira
- пральна машина / garbigailua
- плитка / lauza
- кран / kanila
- горшок / pixontzia
- раковина / konketa

туалет
komuna

підлоговий туалет
komun turkiarra

біде
bideta

пісуар
pixalekua

туалетний папір
komuneko papera

щітка для туалету
komuneko eskuila

зубна щітка

hortzetako eskuila

зубна паста

hortzetako pasta

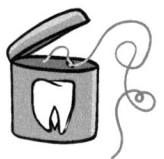

нитка для чищення зубів

hortzetako haria

мити

garbitu

ручний душ

eskuko dutxa

інтимний душ

dutxa

таз

aska

щітка для спини

bizkar-eskuila

мило

xaboia

гель для душу

dutxako xaboia

шампунь

xanpua

мочалка

franela

водостік

hustubidea

крем

krema

дезодорант

desodorantea

ванна кімната - bainugela

дзеркало
ispilua

косметичне дзеркало
eskuko ispilu

бритва
bizar-aitzurra

піна для гоління
bizarra mozteko aparra

лосьйон після гоління
bizar-lozioa

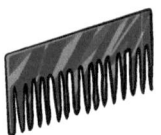
гребінь
orrazia

щітка
eskuila

фен
ile-lehorgailua

лак для волосся
laka

косметика
makilajea

губна помада
ezpainetakoa

лак для нігтів
azkazal-berniza

вата
kotoia

ножиці для нігтів
azkazal-moztekoa

парфум
lurrina

ванна кімната - bainugela

косметичка
arropa saskia

табурет
aulkia

ваги
baskula

халат
bainu-bata

гумові рукавички
gomazko eskularruak

тампон
tanpoia

гігієнічні прокладки
konpresa

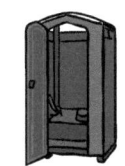

біотуалет
komun kimikoa

ванна кімната - bainugela

дитяча кімната
haurren gela

будильник
iratzargailua

м'яка іграшка
peluxea

іграшковий автомобіль
jostailuzko autoa

брязкальце
arranbera

ляльковий будиночок
panpin-etxea

подарунок
oparia

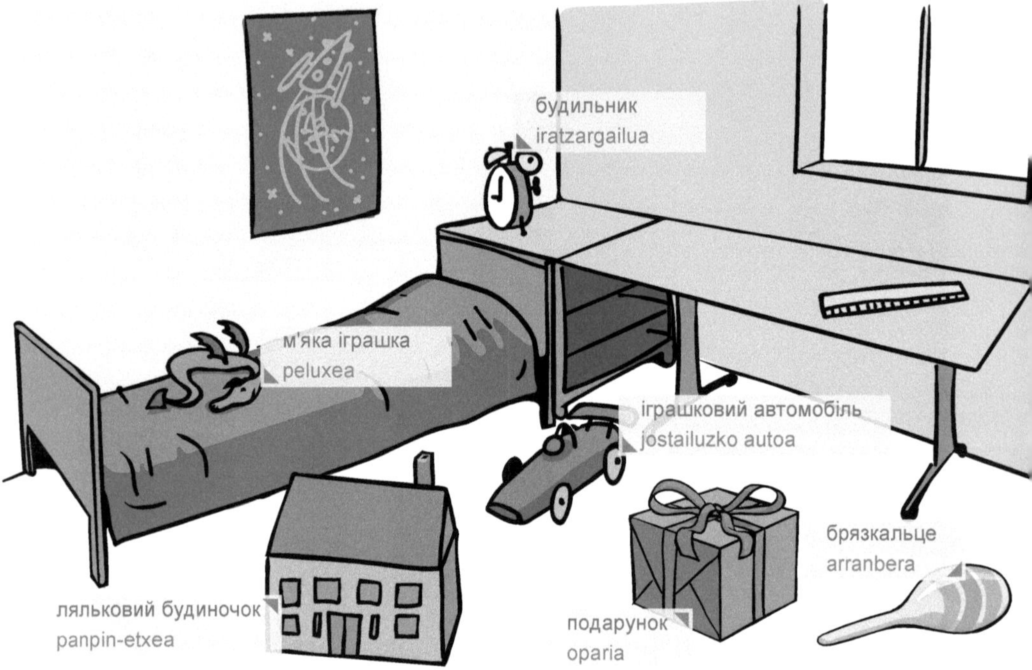

повітряна кулька

puxika

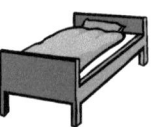

ліжко

ohea

дитячий візок

haur-kotxea

картярська гра

karta-sorta

пазл

puzzlea

комікс

komikia

42 дитяча кімната - haurren gela

лего цеглинки

lego piezak

блоки

eraikitzeko blokeak

іграшкова фігурка

superheroi-panpina

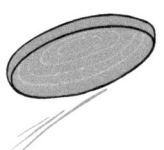
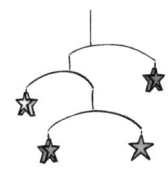

повзунки

body-a

фризбі

frisbia

мобіле

mugikaria

настільна гра

mahai-jokoa

кубик

dadoa

модель залізнична станція

jostailuzko trena

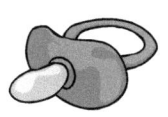

соска

txupetea

вечірка

festa

книжка з картинками

argazki-albuma

м'яч

balioa

лялька

panpina

грати

jolastu

дитяча кімната - haurren gela

пісочниця
hondar-kutxa

гойдалка
zabua

іграшка
jostailuak

гральна консоль
bideo-jokoen kontsola

триколісний велосипед
trizikloa

плюшевий мішка
peluxe-hartza

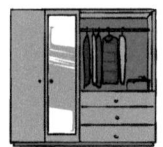

шафа
armairua

одяг
arropa

шкарпетки
galtzerdiak

панчохи
galtzerdi luzeak

колготки
pantiak

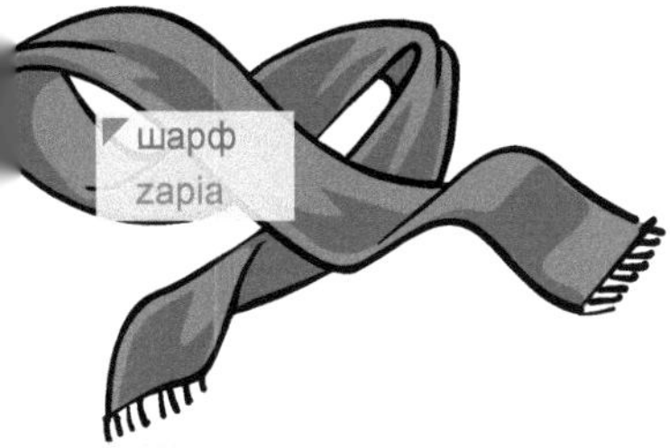

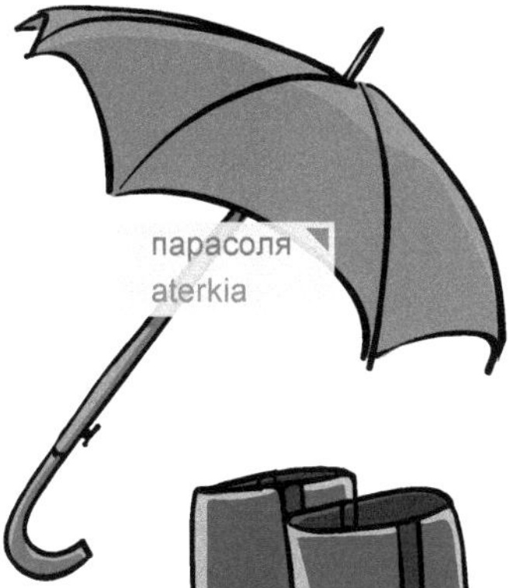

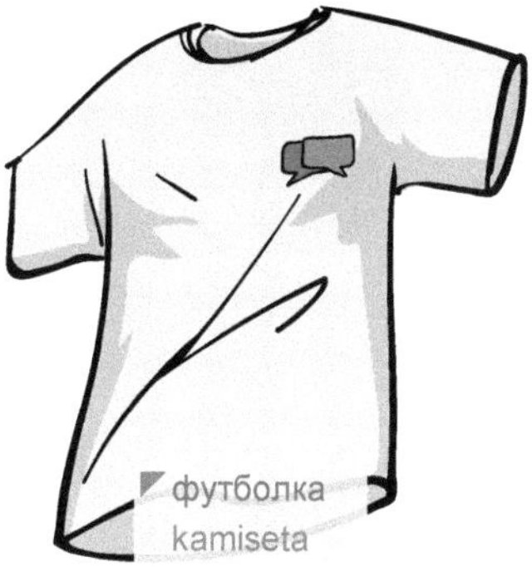

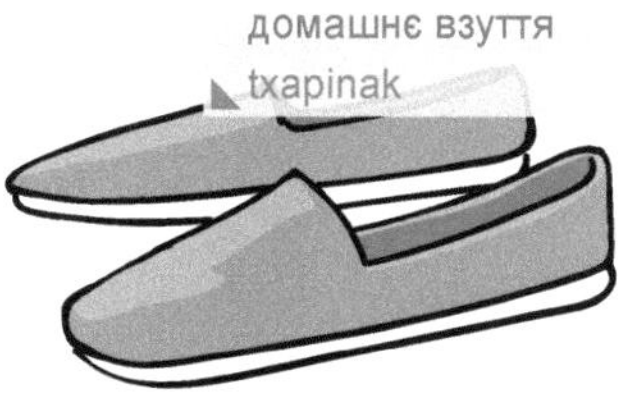

шарф
zapia

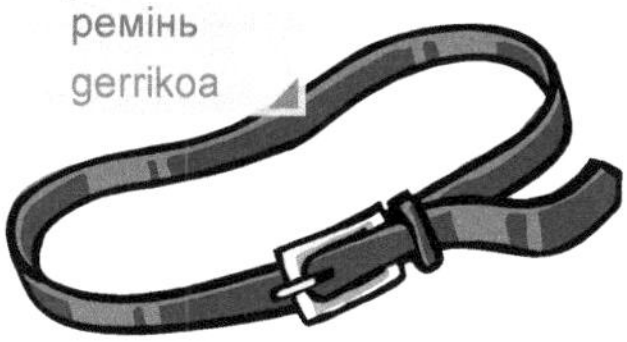

парасоля
aterkia

футболка
kamiseta

ремінь
gerrikoa

чоботи
oinetakoak

домашнє взуття
txapinak

кросівки
kirol-oinetakoak

сандалі
sandaliak

взуття
oinetakoak

гумові чоботи
gomazko botak

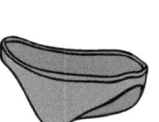

труси
eslipa

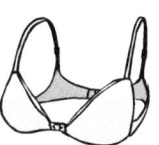

бюстгальтер
bularretakoa

нижня сорочка
kamiseta

одяг - arropa

боді
gorputza

штани
galtzak

джинси
galtza bakeroak

спідниця
gona

блузка
blusa

сорочка
alkandora

пуловер
jertsea

светр
jertsea

піджак
jaka

куртка
jaka

пальто
berokia

дощовик
zira

костюм
trajea

сукня
soinekoa

весільна сукня
ezkontza soinekoa

одяг - arropa

костюм

trajea

нічна сорочка

kamisoia

піжама

pijama

сарі

saria

головна хустка

zapia

чалма

turbantea

бурка

burka

кафтан

kaftana

абая

abaya

купальник

bainujantzia

плавки

gizonezkoen bainujantzia

шорти

galtzamotzak

тренувальний костюм

txandala

фартух

mantala

рукавички

eskularruak

гудзик	окуляри	браслет
botoia	betaurrekoak	eskumuturrekoa
		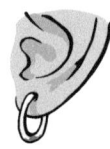
ланцюг	кільце	сережка
lepokoa	eraztuna	belarritakoa

шапка	плічка	капелюх
bisera	esekigailua	kapela
	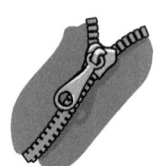	
краватка	застібка-блискавка	шолом
gorbata	kremailera	kaskoa
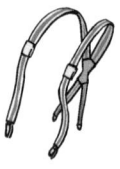		
підтяжки	шкільна форма	уніформа
galtza-uhalak	uniformea	uniformea

нагрудник
lerde-zapi

соска
txupetea

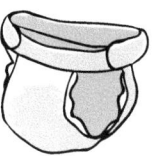
підгузок
pixoihala

офіс
bulegoa

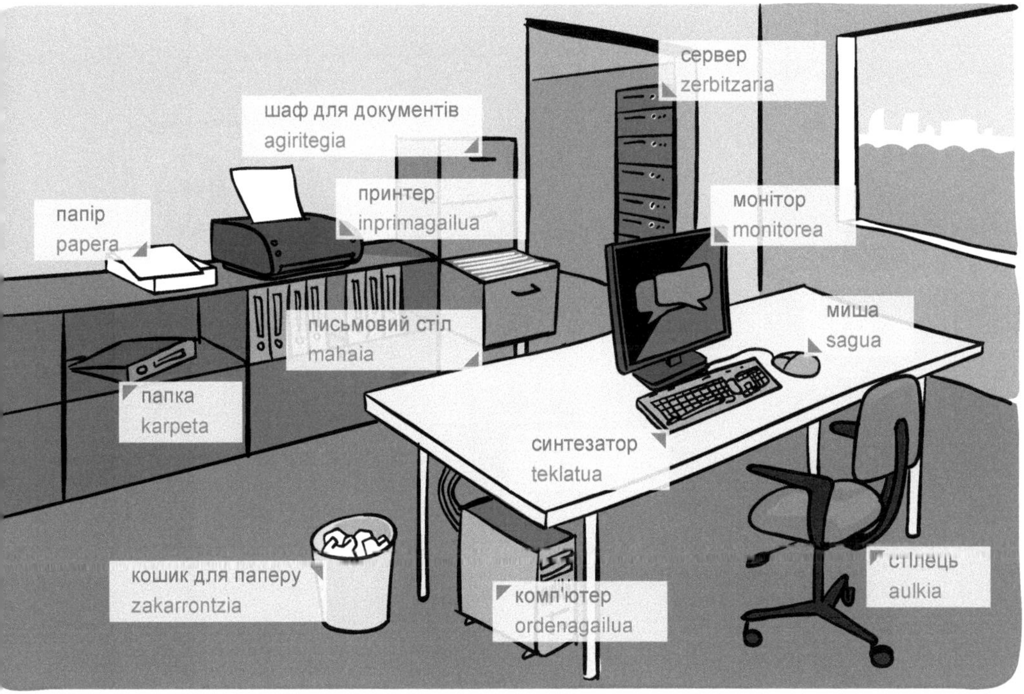

- сервер — zerbitzaria
- шаф для документів — agiritegia
- принтер — inprimagailua
- монітор — monitorea
- папір — papera
- миша — sagua
- письмовий стіл — mahaia
- папка — karpeta
- синтезатор — teklatua
- кошик для паперу — zakarrontzia
- комп'ютер — ordenagailua
- стілець — aulkia

кавовий кухоль
kafe katilua

калькулятор
kalkulagailua

інтернет
internet

ноутбук

ordenagailu eramangarria

лист

gutuna

повідомлення

mezua

мобільний телефон

mugikorra

мережа

sarea

копіювальний пристрій

fotokopiagailua

програмне забезпечення

software

телефон

telefonoa

розетка

entxufea

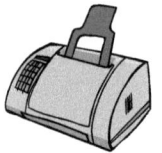

факс

faxa

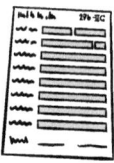

бланк

inprimakia

документ

dokumentua

офіс - bulegoa

економіка
ekonomia

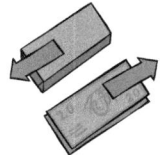
купувати
erosi

платити
ordaindu

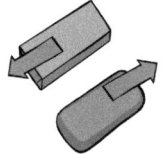
торгувати
salerosi

гроші
dirua

долар
dolarra

євро
euroa

ієна
yena

рубль
rublea

франк
franko suitzarra

юанів женьміньбі
renminbi yuana

рупія
rupia

банкомат
kutxazaina

обмінний пункт

truke-bulegoa

золото

urrea

срібло

zilarra

нафта

petrolioa

енергія

energia

ціна

prezioa

контракт

kontratua

податок

zerga

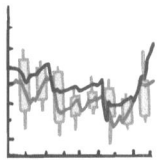

акція

akzioa

працювати

lan egin

працівник

enplegatua

роботодавець

enpresaria

фабрика

fabrika

магазин

denda

професії
lanbideak

поліцейський
polizia-agente

пожежник
suhiltzailea

повар
sukaldaria

лікар
medikua

пілот
pilotua

садівник

lorezaina

столяр

arotza

швачка

jostuna

суддя

epailea

хімік

botikaria

актор

aktorea

водій автобуса
autobus gidaria

таксист
taxi-gidaria

рибалка
arrantzalea

прибиральниця
garbitzailea

покрівельник
sabaigilea

офіціант
zerbitzaria

мисливець
ehiztaria

художник
margolaria

пекар
okina

електрик
elektrikaria

будівельник
igeltseroa

інженер
ingeniaria

забійник
harakina

бляхар
iturgina

листоноша
postaria

солдат
soldadua

архітектор
arkitektoa

касир
kutxazaina

флорист
lore-saltzailea

перукар
ile-apaintzailea

кондуктор
gidaria

механік
mekanikaria

капітан
kapitaina

дантист
dentista

вчений
zientzialaria

рабин
rabinoa

імам
imama

монах
monjea

пастор
elizgizona

професії - lanbideak

інструменти
tresnak

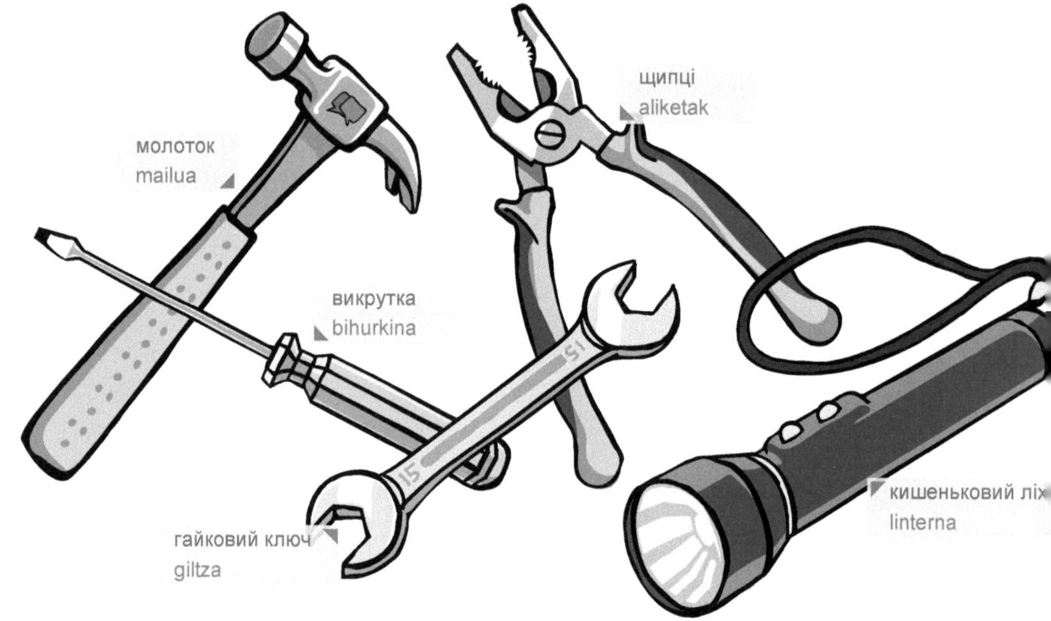

молоток
mailua

щипці
aliketak

викрутка
bihurkina

гайковий ключ
giltza

кишеньковий ліх
linterna

екскаватор

zulakaria

ящик для інструментів

herraminta-kutxa

драбина

eskailera

пилка

zerra

цвяхи

iltzeak

свердло

zulagailua

ремонтувати
konpondu

лопата
pala

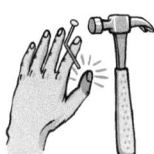
лайно!
Demontre!

совок
pala

відро з фарбою
pintura potea

гвинти
torlojuak

музичні інструменти
musika tresnak

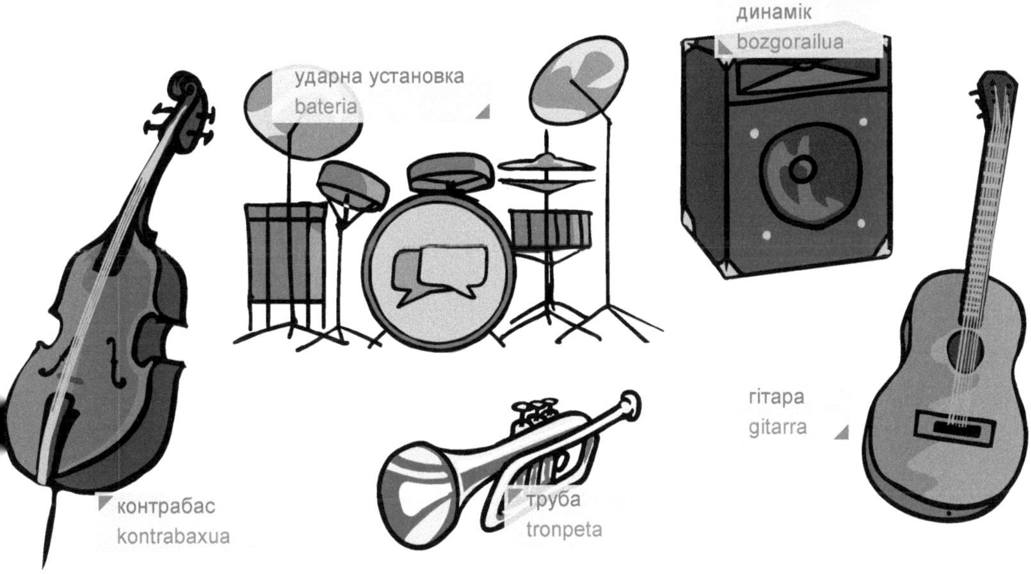

ударна установка
bateria

динамік
bozgorailua

гітара
gitarra

контрабас
kontrabaxua

труба
tronpeta

фортепіано
pianoa

скрипка
biolina

бас
baxua

литаври
tinbalak

барабан
danborra

клавіатура
teklatua

саксофон
saxofoia

флейта
txirula

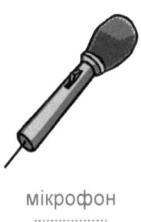
мікрофон
mikrofonoa

музичні інструменти - musika tresnak

зоопарк
zoologikoa

тигр / tigrea
вхід / sarrera
клітка / kaiola
зебра / zebra
корм / animalien janaria
панда / panda

тварини
animaliak

слон
elefantea

кенгуру
kangurua

носоріг
errinozeroa

горила
gorila

ведмідь
hartza

верблюд
gamelua

страус
ostruka

лев
lehoia

мавпа
tximinoa

фламінго
flamenkoa

папуга
loroa

білий ведмідь
hartz zuria

пінгвін
pinguinoa

акула
marrazoa

павич
hegazterrena

змія
sugea

крокодил
krokodiloa

працівник зоопарку
zoo zaindaria

тюлень
itsas txakurra

ягуар
jaguarra

поні
ponia

леопард
lehoinabarra

гіпопотам
hipopotamoa

жираф
jirafa

орел
arranoa

кабан
basurdea

риба
arraina

черепаха
dortoka

морж
mortsa

лисиця
azeria

газель
gazela

зоопарк - zoologikoa

спорт
kirolak

дії
jarduerak

стрибати — salto egin
обіймати — besarkatu
сміятися — barre egin
йти — ibili
співати — abestu
мріяти — amestu
молитися — otoitz egin
цілувати — musu eman

писати
idatzi

малювати
marraztu

показувати
erakutsi

тиснути
bultzatu

давати
eman

брати
hartu

мати
eduki

робити
egin

бути
izan

стояти
zutik egon

бігати
korrika egin

тягнути
tiratu

кидати
bota

падати
erori

лежати
gezurra esan

очікувати
itxaron

носити
eraman

сидіти
eseri

одягати
jantzi

спати
lo egin

просипатися
esnatu

 дивитися / begiratu	 плакати / negar egin	 гладити / laztandu
 розчісувати / orraztu	 розмовляти / hitz egin	 розуміти / ulertu
 питати / galdetu	 слухати / entzun	 пити / edan
 їсти / jan	 прибирати / txukundu	 любити / maitatu
 варити / kozinatu	 їхати / gidatu	 літати / hegan egin

дії - jarduerak

йти під вітрилом

nabigatu

рахувати

kalkulatu

читати

irakurri

вчитися

ikasi

працювати

lan egin

одружуватися

ezkondu

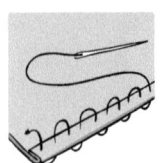

шити

josi

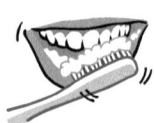

чистити зуби

hortzak garbitu

убивати

hil

курити

erre

посилати

bidali

сім'я
familia

бабуся / amona
дідуся / aitona
батько / aita
мати / ama
немовля / haurtxoa
донька / alaba
син / semea

гість
gonbidatua

тітка
izeba

дядько
osaba

брат
anaia

сестра
arreba

тіло
gorputza

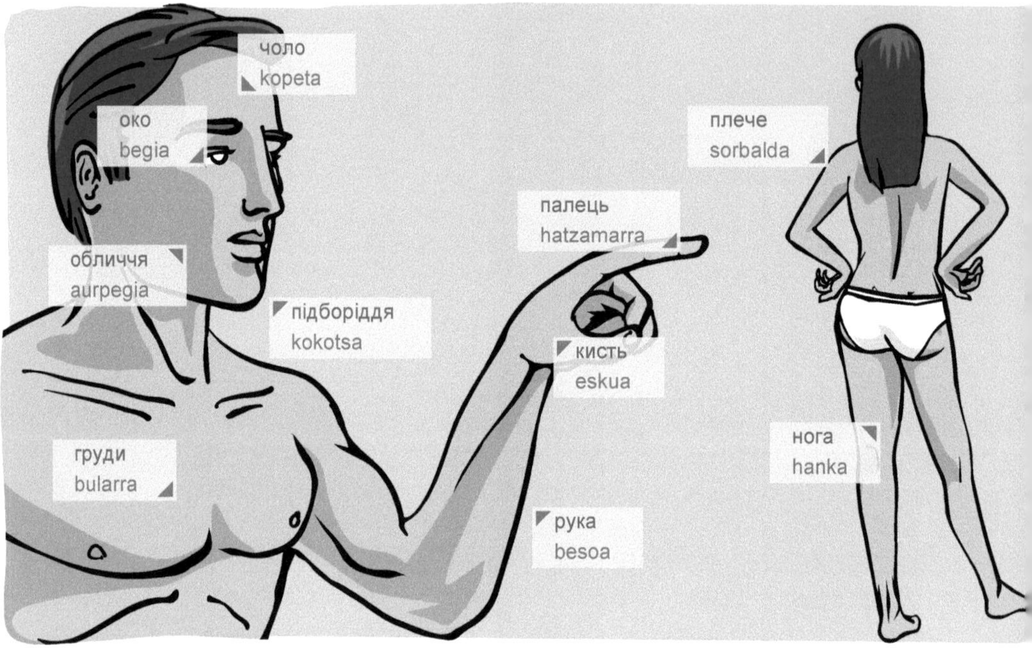

око / begia
чоло / kopeta
обличчя / aurpegia
підборіддя / kokotsa
груди / bularra
плече / sorbalda
палець / hatzamarra
кисть / eskua
нога / hanka
рука / besoa

немовля

haurtxoa

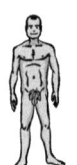

чоловік

gizona

жінка

emakumea

дівчина

neska

хлопчик

mutila

голова

burua

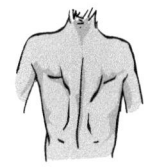

спина
bizkarra

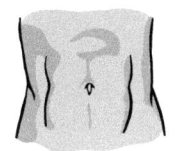

живіт
sabela

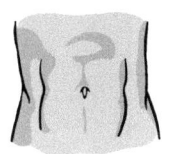

пуп
zilborra

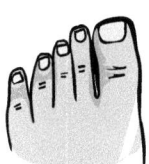

палець ноги
behatza

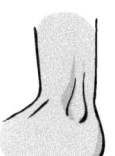

п'ята
orpoa

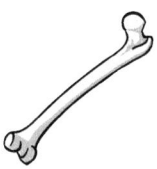

кістка
hezurra

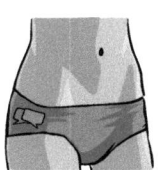

стегно
aldaka

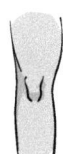

коліно
belauna

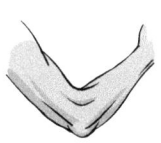

лікоть
ukondoa

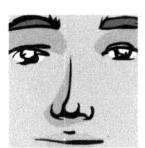

ніс
sudurra

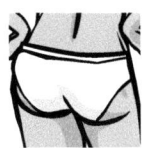

сідниці
ipurdia

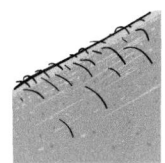

шкіра
azala

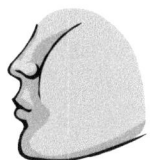

щока
masaila

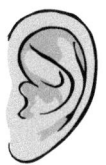

вухо
belarria

губа
ezpaina

тіло - gorputza

рот
ahoa

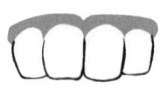
зуб
hortza

язик
mihia

мозок
garuna

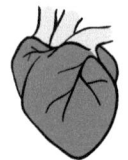
серце
bihotza

м'яз
muskulua

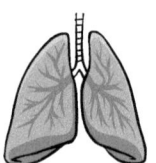
легені
birika

печінка
gibela

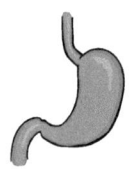
шлунок
urdaila

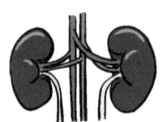
нирки
giltzurruna

статевий акт
sexua

презерватив
kondoia

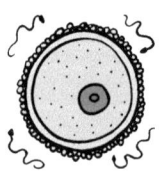
яйцеклітина
arrautza

сперма
semena

вагітність
haurdunaldia

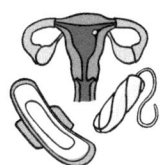
менструація
hilerokoa

вагіна
bagina

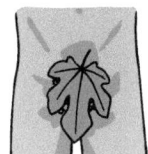
пеніс
zakil

брова
bekaina

волосся
ilea

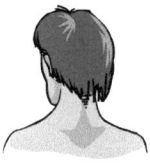
шия
lepoa

лікарня
ospitalea

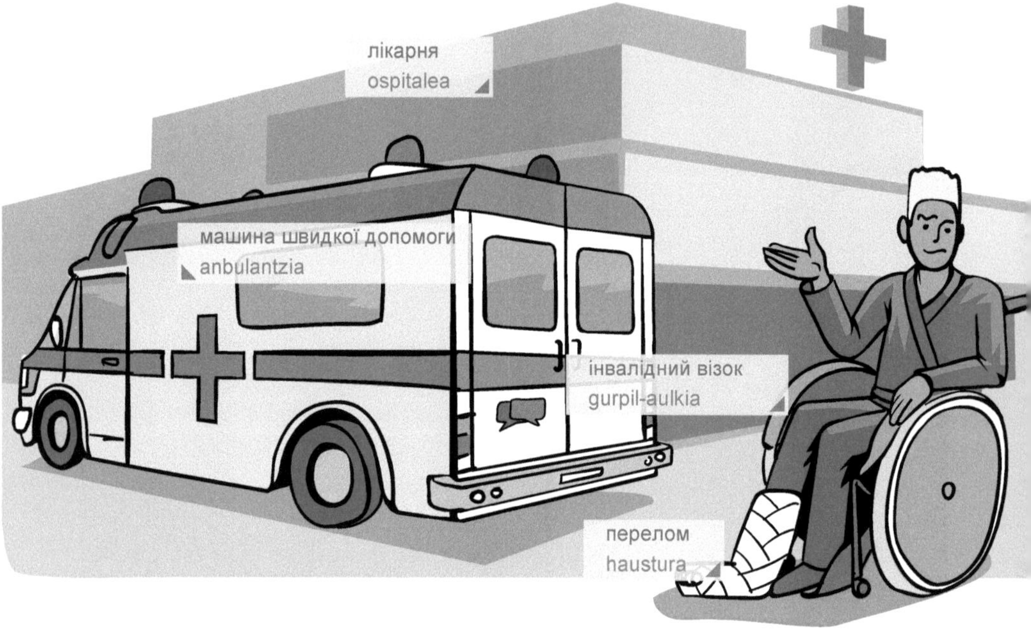

лікарня
ospitalea

машина швидкої допомоги
anbulantzia

інвалідний візок
gurpil-aulkia

перелом
haustura

лікар

medikua

відділення швидкої
медичної допомоги

larrialdi gela

медсестра

erizaina

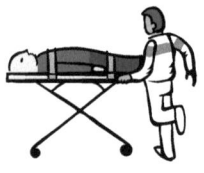

аварійний випадок

larrialdia

непритомний

konorterik gabe

біль

mina

травма
lesioa

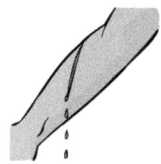

кровотеча
hemorragia

інфаркт
bihotzekoa

інсульт
iktusa

алергія
alergia

кашель
eztula

лихоманка
sukarra

грип
gripea

пронос
beherakoa

головна біль
buruko mina

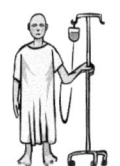

рак
minbizia

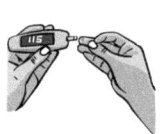

діабет
diabetesa

хірург
zirujaua

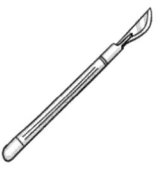

скальпель
bisturia

операція
ebakuntza

лікарня - ospitalea

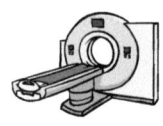 КТ OTA	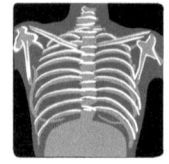 рентген erradiografia	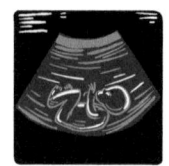 ультразвук ultrasoinua
 маска maskara	 хвороба gaixotasuna	 зал очікування itxarongela
 милиця makulua	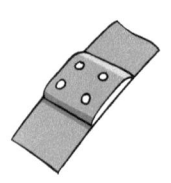 пластир tirita	 пов'язка benda
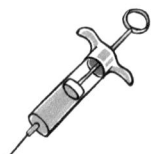 ін'єкція injekzioa	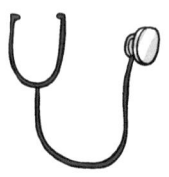 стетоскоп estetoskopioa	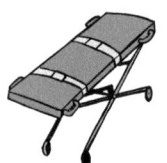 ноші ohatila
 термометр termometro klinikoa	 народження jaiotza	 надмірна вага gehiegizko pisua

лікарня - ospitalea

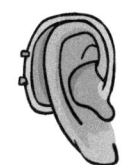

слуховий апарат

audiofonoa

дезінфікуючий засіб

desinfektatzailea

інфекція

infekzioa

вірус

birusa

ВІЛ / СНІД

GIB / HIES

медицина

sendagaia

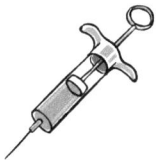

вакцинація

txertoa

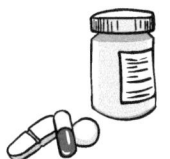

таблетки

pilulak

протизаплідна пігулка

pilula

екстрений виклик

larrialdi deia

тонометр

tentsiometroa

хворий / здоровий

gaixo / osasuntsu

аварійний випадок
larrialdia

Допоможіть!
Laguntza!

сигнал тривоги
alarma

напад
lapurreta

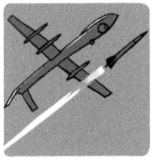
атака
erasoa

небезпека
arriskua

аварійний вихід
larrialdietarako irteera

Вогонь!
sua!

вогнегасник
itzaltzailea

аварія
istripua

аптечка
lehen laguntzarako botikina

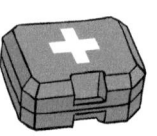
СОС
SOS

поліція
polizia

Земля
Iurra

Європа

Europa

Північна Америка

Ipar Amerika

Південна Америка

Hego Amerika

Африка

Afrika

Азія

Asia

Австралія

Australia

Атлантика

Atlantikoa

Тихий океан

Pazifikoa

Індійський океан

Ozeano Indikoa

Антарктичний океан

Ozeano Antartikoa

Північний Льодовитий океан

Ozeano Artikoa

Північний полюс

Ipar poloa

Південний полюс
Hego poloa

Антарктика
Antartika

Земля
lurra

суша
lurra

море
itsasoa

острів
irla

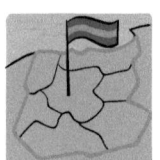
нація
nazioa

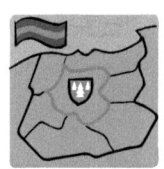
держава
estatua

годинник
erlojua

циферблат

erlojuaren esfera

годинникова стрілка

ordu-orratza

хвилинна стрілка

minutu-orratza

секундна стрілка

segundo-orratza

Котра година?

Zer ordu da?

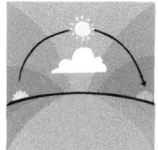

день

eguna

час

denbora

зараз

orain

цифровий годинник

erloju digitala

хвилина

minutua

година

ordua

тиждень
astea

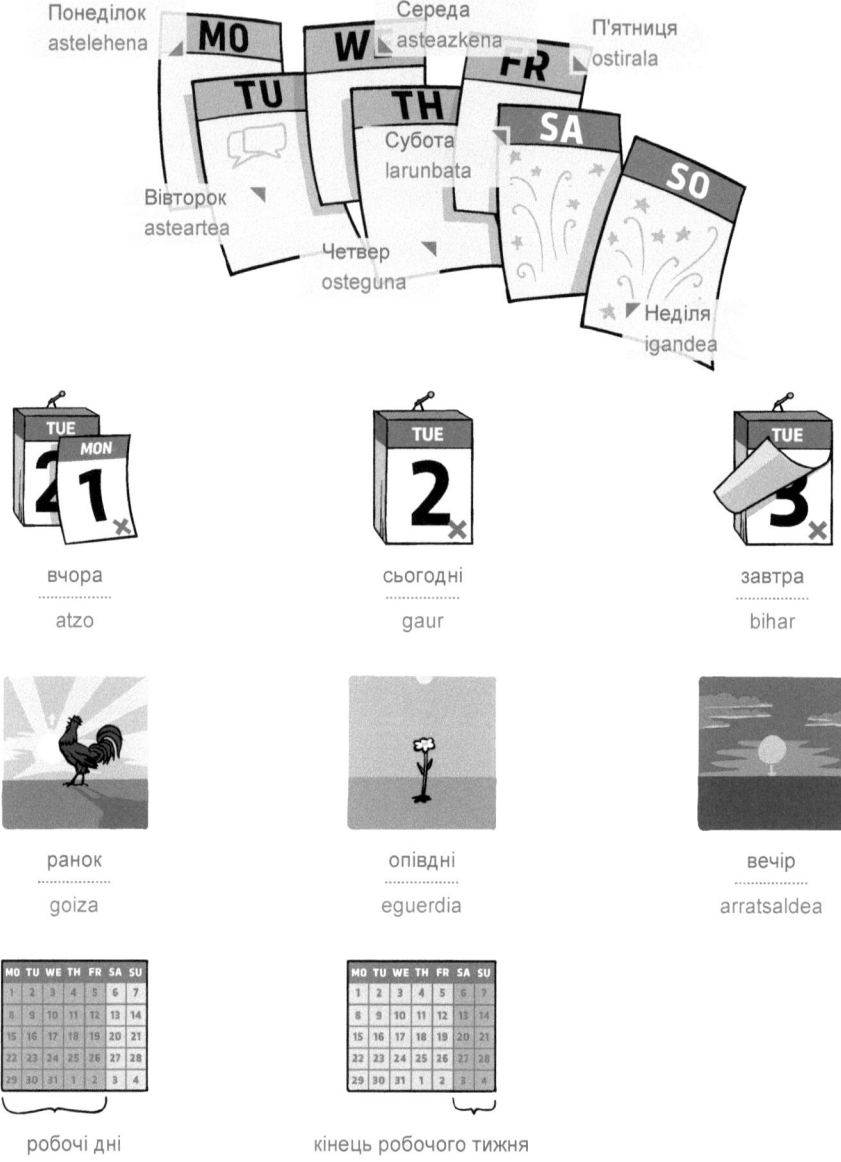

Понеділок	Середа	П'ятниця
astelehena	asteazkena	ostirala
Вівторок	Четвер	Субота
asteartea	osteguna	larunbata
		Неділя
		igandea

вчора — atzo
сьогодні — gaur
завтра — bihar

ранок — goiza
опівдні — eguerdia
вечір — arratsaldea

робочі дні — laneguna
кінець робочого тижня — asteburua

рік
urtea

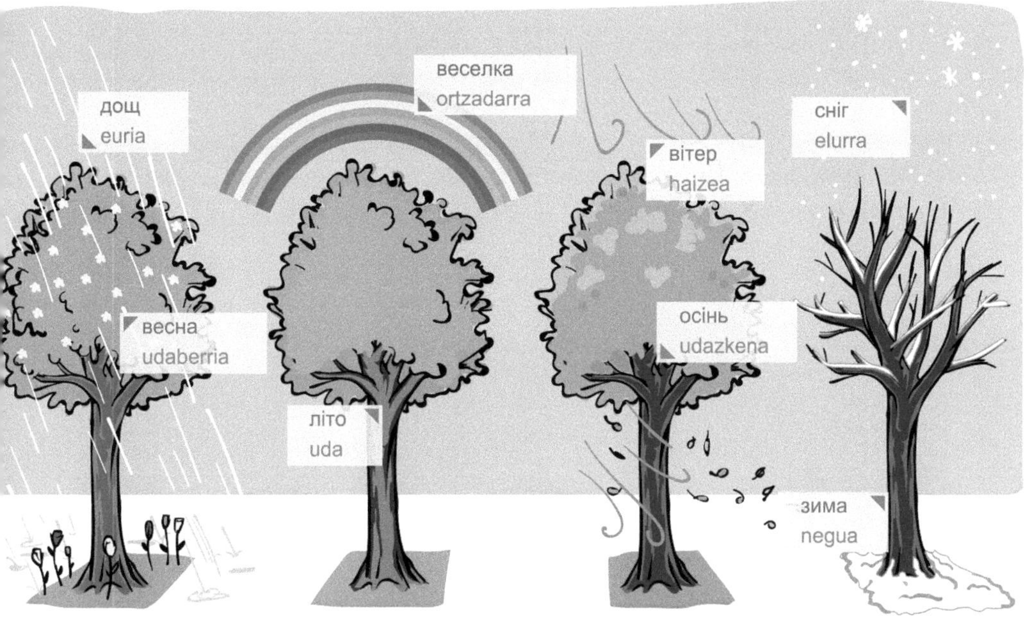

дощ
euria

веселка
ortzadarra

вітер
haizea

сніг
elurra

весна
udaberria

осінь
udazkena

літо
uda

зима
negua

прогноз погоди

eguraldiaren iragarpena

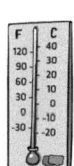

термометр

termometroa

сонячне світло

eguzkia

хмара

hodeia

туман

lainoa

вологість повітря

hezetasuna

блискавка
tximista

грім
trumoia

шторм
ekaitza

град
kazkabarra

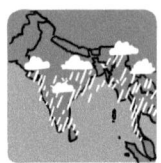

мусон
montzoia

повінь
uholdea

лід
izotza

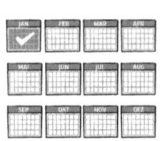

Січень
urtarrila

Лютий
otsaila

Березень
martxoa

Квітень
apirila

Травень
maiatza

Червень
ekaina

Липень
uztaila

Серпень
abuztua

Вересень
iraila

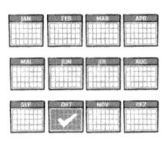
Жовтень
urria

Листопад
azaroa

Грудень
abendua

форми
formak

круг
zirkulua

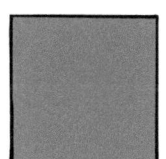
квадрат
karratua

прямокутник
laukizuzena

трикутник
hirukia

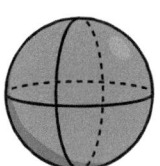
куля
esfera

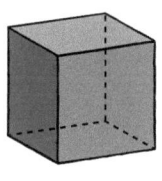
куб
kuboa

фарби
koloreak

білий

zuria

жовтий

horia

помаранчевий

laranja

рожевий

arrosa

червоний

gorria

фіолетовий

morea

синій

urdina

зелений

berdea

коричневий

marroia

сірий

grisa

чорний

beltza

протилежності
aurkakoak

багато / мало

asko / gutxi

лютий / мирний

haserre / lasai

гарний / бридкий

ederra / itsusia

початок / кінець

hasiera / bukaera

великий / малий

handia / txikia

світлий / темний

argia / iluna

брат / сестра

anaia / arreba

чистий / брудний

garbi / zikin

завершений / незавершений

oso / osatu gabeko

день / ніч

eguna/gaua

мертвий / живий

hilik / bizirik

широкий / вузький

zabal / estu

їстівний / неїстівний

jangarri/jangaitz

злий / дружній

gaizto / on

збуджений / нудьгуючий

hunkituta / aspertuta

товстий / тонкий

lodi / argal

спочатку / востаннє

lehen / azken

друг / ворог

laguna / etsaia

повний / порожній

beteta / hutsik

жорсткий / м'який

gogor / bigun

важкий / легкий

astun / arin

голод / спрага

gosea / egarria

хворий / здоровий

gaixo / osasuntsu

незаконний / законний

ilegal / legal

розумний / дурний

burutsu / ergel

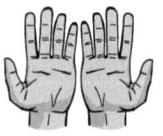

вліво / вправо

ezker / eskuin

поруч / далеко

gertu / urrun

новий / використаний

berri / erabili

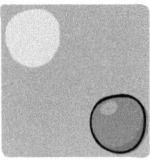

нічого / щось

ezer ez / zerbait

старий / молодий

zahar / gazte

вкл / викл

piztuta / itzalita

відкрито / закрито

irekita / itxita

тихо / гучно

isil / ozen

багатий / бідний

aberats / pobre

правильно / неправильно

zuzen / oker

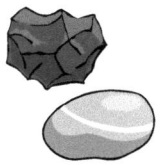

шорсткий / гладкий

zakar / leun

сумний / щасливий

triste / pozik

короткий / довгий

laburra / luzea

повільно / швидко

motel / azkar

вологий / сухий

busti / lehor

гарячий / холодний

bero / hotz

війна / мир

gerra / bakea

протилежності - aurkakoak

числа
zenbakiak

0
нуль
zero

1
один
bat

2
два
bi

3
три
hiru

4
чотири
lau

5
п'ять
bost

6
шість
sei

7
сім
zazpi

8
вісім
zortzi

9
дев'ять
bederatzi

10
десять
hamar

11
одинадцять
hamaika

12
дванадцять
hamabi

13
тринадцять
hamairu

14
чотирнадцять
hamalau

15
п'ятнадцять
hamabost

16
шістнадцять
hamasei

17
сімнадцять
hamazazpi

18
вісімнадцять
hemezortzi

19
дев'ятнадцять
hemeretzi

20
двадцять
hogei

100
сто
ehun

1.000
тисяча
mila

1.000.000
мільйон
milioi

числа - zenbakiak

мови
hizkuntzak

англійська
Ingelesa

американська англійська
Amerikar Ingelesa

китайська високочиновницька
Mandarin Txinera

хінді
Hindia

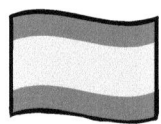

іспанська
Gaztelania

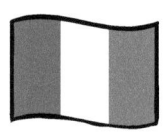

французька
Frantsesa

арабська
Arabiera

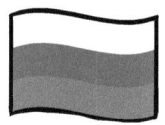

російська
Errusiera

португальська
Portugalera

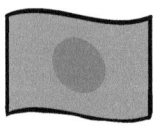

бенгальська
Bengalera

німецька
Alemana

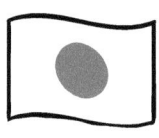

японська
Japoniera

хто / що / як
nor / zer / nola

я
ni

ти
zu

він / вона / воно
hura

ми
gu

ви
zuek

вони
haiek

хто?
nor?

що?
zer?

як?
nola?

де?
non?

коли?
noiz?

ім'я
izena

де
non

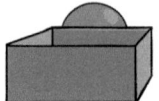

ззаду
atzean

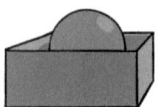

в
n

перед
aurrean

над
gainetik

на
gainean

під
azpian

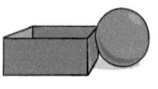

біля
ondoan

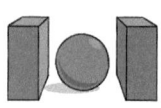

між
artean

місце
leku